LOS SECRETOS DEL AHORRO COTIDIANO

Sylvain MILO N

CONTENIDO

INTRODUCCIÓN

Los secretos del ahorro cotidiano es una guía práctica que le ayudará a dominar el arte de ahorrar en su vida diaria. Tanto si quieres ahorrar dinero como saldar deudas o mejorar tu situación financiera, este libro te dará las herramientas que necesitas para ahorrar de forma significativa sin sacrificar tu calidad de vida.

En la sociedad actual, en la que el gasto parece aumentar sin cesar, es esencial saber gestionar el dinero con eficacia. Sin embargo, muchas personas se sienten abrumadas y no saben por dónde empezar. Les Secrets des Économies Quotidiennes le ofrece un plan de acción paso a paso, con consejos prácticos y fáciles de aplicar.

El libro está dividido en quince capítulos, cada uno de los cuales trata un aspecto específico del ahorro cotidiano. Desde el presupuesto para la comida hasta la factura de la luz, pasando por las compras por Internet o salir a divertirse, descubrirá un sinfín de consejos y estrategias para reducir sus gastos y ahorrar dinero.

Cada capítulo está diseñado para ofrecerle consejos concretos y ejemplos prácticos, que le permitirán aplicar enseguida los principios del ahorro a su vida cotidiana. Tanto si eres un estudiante que busca ahorrar dinero en su presupuesto para la merienda como si eres un padre de familia numerosa que intenta reducir los gastos mensuales, este libro es para ti.

No deje que el dinero controle su vida. Tome las riendas de sus finanzas y aprenda a ahorrar cada día. Los Secretos del Ahorro Diario le guiarán en su viaje hacia una vida más frugal, a la vez que le proporcionarán la libertad financiera y la tranquilidad que se merece.

CAPÍTULO 1: INTRODUCCIÓN AL AHORRO DIARIO

En este primer capítulo, exploraremos la importancia del ahorro cotidiano y comprenderemos por qué es esencial dominar este aspecto de nuestra vida financiera. También descubriremos los beneficios que el ahorro puede aportar a largo plazo y cómo adoptar una mentalidad ahorradora a diario.

La sociedad en la que vivimos se rige por el consumismo y el gasto excesivo. Nos bombardean constantemente con anuncios que nos instan a comprar nuevos productos, probar nuevas experiencias y gastar nuestro dinero sin pensar. Esta frenética mentalidad consumista puede llevarnos a vivir por encima de nuestras posibilidades y acumular deudas.

Por eso es fundamental comprender la importancia del ahorro diario. Ahorrar no significa privarse de todo placer o vivir austeramente. Al contrario, significa ser consciente de tus gastos, tomar decisiones con conocimiento de causa y gastar tu dinero de forma inteligente.

Ahorrar dinero cada día tiene muchas ventajas a largo plazo. En primer lugar, nos permite constituir un fondo de emergencia. Tener una reserva de dinero para hacer frente a imprevistos, como reparaciones del coche, gastos médicos o pérdida del empleo, nos da una valiosa tranquilidad. Además, el ahorro puede ayudarnos a alcanzar nuestros objetivos a largo plazo, como comprar una casa, crear una empresa o planificar nuestra jubilación.

Al adoptar una mentalidad ahorradora a diario, también aprendemos a valorar más nuestro dinero. En lugar de gastar impulsivamente, nos tomamos el tiempo necesario para evaluar nuestras necesidades reales y encontrar formas de ahorrar. Esto nos permite gastar nuestro dinero de forma más reflexiva y dar más valor a nuestras compras.

Para empezar a ahorrar día a día, es esencial ser consciente de tus hábitos de gasto. Lleve un diario de gastos durante una semana o un mes para tener una visión general de sus gastos. Esto te ayudará a identificar las áreas en las que gastas más y en las que podrías recortar gastos.

Una vez que hayas identificado tus hábitos de gasto, puedes empezar a poner en marcha estrategias de ahorro. Por ejemplo, puede elaborar un presupuesto mensual y asignar una determinada cantidad de dinero a cada categoría de gasto. Esto le permitirá controlar mejor sus gastos e identificar las áreas en las que puede recortar.

Otra estrategia eficaz es buscar formas de ahorrar en tus gastos cotidianos. Por ejemplo, puede comparar precios antes de comprar, utilizar cupones de descuento o aprovechar ofertas promocionales. Es más, puedes plantearte alternativas más baratas para determinados gastos, como prepararte la comida en casa en lugar de comer fuera.

Por último, es importante tener en cuenta que el ahorro diario no se limita a los gastos. También puedes ahorrar dinero adoptando hábitos de ahorro energético, como reducir el consumo de energía, utilizar el transporte público o reciclar. Estas pequeñas acciones pueden tener un impacto significativo en tu presupuesto y en el medio ambiente.

En conclusión, el ahorro cotidiano desempeña un papel esencial en nuestra vida financiera. Nos permite vivir de forma más responsable, construir un futuro financiero sólido y dar más valor a nuestro dinero. Si adoptas una mentalidad de ahorro diario, podrás tomar el control de tus finanzas y alcanzar tus objetivos financieros a largo plazo.

CAPÍTULO 2: REDUCIR EL GASTO ALIMENTARIO

La comida es un gasto inevitable en nuestra vida diaria, pero puede suponer una parte importante de nuestro presupuesto. En este capítulo exploraremos distintas estrategias para reducir nuestro gasto en comida sin comprometer la calidad de la misma.

1. Planificar las comidas: La planificación de las comidas es un paso esencial para reducir los gastos en alimentación. Planificar las comidas de la semana con antelación permite elaborar una lista de la compra precisa y evitar las compras impulsivas. También ayuda a evitar el desperdicio de alimentos, ya que sólo compras lo que necesitas.

2. Haga una lista de la compra: antes de ir al supermercado, tómese su tiempo para elaborar una lista de la compra basada en las comidas previstas. Así evitará comprar cosas innecesarias y se centrará en lo esencial. Intenta ceñirte a la lista en la medida de lo posible para evitar las compras impulsivas.

3. Compara precios: No te limites a comprar tus alimentos en una sola tienda. Tómese su tiempo para comparar precios en

distintas tiendas, tanto en línea como en persona. Te sorprenderá lo mucho que pueden variar los precios de un sitio a otro. Opte por promociones y descuentos para ahorrar aún más.

4. Los productos de temporada suelen ser más baratos y frescos. También es más probable que se cultiven localmente, lo que reduce la huella de carbono asociada a su transporte. Averigua qué frutas, verduras y productos de temporada hay disponibles en tu zona e inclúyelos en tus comidas para ahorrar dinero al tiempo que apoyas a los productores locales.

5. Cocinar en casa: Comer fuera o comprar platos precocinados puede resultar caro a largo plazo. Favorezca la cocina casera, donde tiene control sobre los ingredientes utilizados y el tamaño de las porciones. Cocinar en casa también te permite preparar comidas en grandes cantidades, que puedes congelar y consumir más tarde, ahorrándote tiempo y dinero.

6. Evite el desperdicio de alimentos: El desperdicio de alimentos no sólo es un derroche de dinero, sino también una fuente de daños para el medio ambiente. Aprenda a gestionar sus sobras de forma creativa incorporándolas a nuevos platos. Utilice técnicas de conservación, como el enlatado o la congelación, para alargar la vida de los alimentos. Además, tenga en cuenta las fechas de caducidad y utilice los alimentos antes de que se estropeen.

7. Compre a granel: Siempre que sea posible, opte por comprar a granel. Esto le permite comprar la cantidad exacta que necesita, reduciendo los residuos y los costes asociados al envasado. Lleva tus propios recipientes reutilizables para llenar los productos a granel, como cereales, legumbres y especias.

8. Cultiva un huerto: Si tienes espacio al aire libre, plantéate

cultivar tu propio huerto. Cultivar tus propias frutas, verduras y hierbas reducirá considerablemente tus gastos en alimentación. Además, es una actividad gratificante que te conecta con la naturaleza y te permite comer productos frescos y de calidad.

Aplicando estas estrategias, puede reducir significativamente sus costes alimentarios preservando al mismo tiempo la calidad de sus alimentos. Reflexione sobre sus hábitos alimentarios y adopte cambios graduales para adoptar un enfoque más económico y sostenible de la alimentación. Tu cartera y tu salud te lo agradecerán.

CAPÍTULO 3: AHORRAR EN LA FACTURA ENERGÉTICA

Las facturas energéticas pueden representar una parte importante de nuestro gasto mensual. En este capítulo exploraremos distintas estrategias para reducir nuestros gastos energéticos y ahorrar dinero en nuestras facturas.

1. Aislamiento de la vivienda: aislar la vivienda es esencial para reducir el consumo de energía. Asegúrese de que su casa está bien aislada revisando ventanas, puertas, paredes y áticos. Las ventanas bien selladas y las puertas aisladas pueden reducir la pérdida de calor en invierno y mantener la casa fresca en verano, reduciendo la necesidad de calefacción o aire acondicionado excesivos.

2. Uso eficiente de la calefacción y el aire acondicionado: Ajuste el termostato a una temperatura cómoda pero económica. Bajando un grado la calefacción o aumentando un grado el aire acondicionado, puede conseguir un ahorro significativo en su consumo de energía. Además, considere la posibilidad de utilizar termostatos programables que le permitan ajustar la temperatura automáticamente para adaptarla a sus horarios.

3. Iluminación de bajo consumo: Sustituya las bombillas tradicionales por bombillas LED de bajo consumo. Las bombillas LED consumen hasta un 80% menos de energía que las incandescentes y duran mucho más. Apague también las luces cuando salga de una habitación y utilice la luz natural todo lo posible durante el día.

4. Uso eficiente de los electrodomésticos: Los electrodomésticos pueden suponer una parte importante del consumo energético de un hogar. Elija electrodomésticos de bajo consumo optando por modelos con certificación Energy Star. Utilízalos de forma eficiente evitando dejarlos en modo de espera y desenchufándolos cuando no los estés utilizando. Utiliza ciclos de lavado a baja temperatura para la colada y seca al aire en lugar de en secadora.

5. Reduzca el consumo de agua caliente: El agua caliente puede suponer una parte importante de su factura energética. Reduce la temperatura de tu calentador de agua a 50-55 grados centígrados y utiliza duchas y grifos de bajo caudal para ahorrar agua caliente. Arregle también las fugas de agua, ya que incluso una pequeña fuga puede provocar una gran pérdida de agua caliente y un aumento de sus facturas.

6. Uso eficiente de los aparatos electrónicos: Los aparatos electrónicos pueden consumir energía incluso en modo de espera. Utiliza regletas con interruptor para apagar completamente tus aparatos electrónicos cuando no los estés utilizando. Evita también dejar tus dispositivos cargando una vez que estén completamente cargados.

7. Uso responsable del agua y la electricidad: Adopta hábitos responsables a la hora de utilizar el agua y la electricidad. Toma duchas más cortas, utiliza lavavajillas y lavadoras completos y

apaga luces y electrodomésticos cuando no los estés utilizando. Estos pequeños gestos pueden tener un impacto significativo en tus facturas de energía.

Si pones en práctica estas estrategias, podrás reducir tus gastos energéticos y ahorrar dinero en tus facturas. Además de los beneficios económicos, también ayudarás a preservar el medio ambiente reduciendo tu huella ecológica. Adopta estos hábitos de ahorro de energía en tu vida diaria y verás una diferencia positiva tanto en tus facturas como en el medio ambiente.

CAPÍTULO 4: CONSEJOS PARA AHORRAR DINERO COMPRANDO EN INTERNET

Las compras por Internet se han convertido en algo habitual en nuestra sociedad conectada. Sin embargo, eso no significa que tengamos que gastarnos una fortuna para conseguir lo que necesitamos. En este capítulo, vamos a explorar algunos consejos sobre cómo ahorrar dinero al comprar por Internet y maximizar nuestro poder adquisitivo.

1. Comparar precios: Una de las principales ventajas de comprar por Internet es que puedes comparar fácilmente los precios de distintos vendedores. Antes de comprar, busca el mismo producto en distintos sitios web y compara precios. Asegúrese también de tener en cuenta los gastos de envío y los códigos de descuento disponibles.

2. Utiliza códigos de descuento: Antes de finalizar tu compra, busca códigos de descuento. Muchos sitios web ofrecen códigos

promocionales y cupones que puede utilizar para obtener descuentos en sus compras en línea. También existen extensiones de navegador que pueden buscar y aplicar automáticamente los códigos de descuento disponibles durante el proceso de compra.

3. Aproveche las promociones y rebajas: las compras en línea suelen ofrecer promociones y rebajas especiales. Echa un vistazo a las páginas web de tus tiendas favoritas para enterarte de las ofertas. Algunas épocas del año, como el Black Friday, el Cyber Monday o las rebajas de verano, son especialmente buenas para ahorrar.

4. Suscríbase a boletines informativos: Suscríbase a boletines informativos de sitios de comercio electrónico. Muchos minoristas envían ofertas exclusivas y códigos de descuento a los suscriptores de su lista de correo. Así estarás al día de las promociones y los nuevos productos, y te asegurarás de no perderte ninguna oferta especial.

5. Utiliza sitios de cashback: Los sitios de cashback te permiten recuperar parte del dinero que gastas en tus compras online. Regístrate en estas plataformas y utiliza sus enlaces de afiliado para realizar tus compras. Ganarás cashback que podrás transferir a tu cuenta bancaria o utilizar para futuras compras.

6. Espere a los periodos de rebajas: Si no necesita un artículo inmediatamente, considere la posibilidad de esperar a los periodos de rebajas para hacer su compra. Los minoristas en línea suelen ofrecer grandes descuentos durante las rebajas de temporada, lo que puede ahorrarte mucho dinero en tus compras.

7. Lea opiniones y comentarios: Antes de comprar un producto por Internet, tómese su tiempo para leer opiniones y comentarios

de otros usuarios. Esto le ayudará a evaluar la calidad del producto y a tomar una decisión con conocimiento de causa. Tenga cuidado también con las ofertas demasiado tentadoras o los sitios web dudosos. Es importante actuar con cautela y comprobar la reputación del vendedor antes de realizar una compra.

8. Evite las compras impulsivas: Comprar por Internet puede ser tentador, pero es importante resistirse a las compras impulsivas. Tómese su tiempo para pensar en sus necesidades reales y en la utilidad del producto antes de añadirlo a la cesta. Elabore una lista de deseos y espere unos días antes de finalizar la compra. Esto le permitirá tomar distancia y evitar gastos innecesarios.

Si pone en práctica estos consejos, podrá ahorrar considerablemente al comprar por Internet. No olvide estar atento, comparar precios, buscar códigos de descuento y aprovechar las promociones especiales. Las compras en línea pueden ser una gran oportunidad para hacer buenos negocios, siempre que seas cuidadoso y estratégico con tus transacciones en línea.

CAPÍTULO 5: REDUCIR LOS GASTOS RELACIONADOS CON EL TRANSPORTE

El transporte es un gasto inevitable en nuestras vidas, ya sea para ir al trabajo, de compras o de viaje. Sin embargo, es posible reducir estos gastos adoptando hábitos y elecciones más económicos. En este capítulo exploraremos distintas estrategias para reducir los gastos relacionados con el transporte y ahorrar dinero.

1. Utiliza el transporte público: El transporte público, como autobuses, metros y trenes, suele ser más barato que el coche privado. Opte por el transporte público siempre que pueda, sobre todo si vive en una zona bien comunicada. Los abonos mensuales o anuales también pueden ofrecer descuentos adicionales.

2. Comparte trayectos: si necesitas ir al trabajo o a otros destinos con regularidad, considera la posibilidad de compartir coche. Compartir trayectos con compañeros o amigos permite dividir el coste del combustible y los peajes. También puedes informarte sobre plataformas de coche compartido que ponen en contacto a conductores y pasajeros que comparten la misma ruta.

servicios de coche compartido: Si sólo necesitas un coche
n cuando, considera la posibilidad de utilizar servicios de
ompartido, como el alquiler de coches por horas o días.
de resultar más barato que tener un coche propio, ya que
as cuando realmente lo necesitas.

e en práctica estas estrategias, podrá reducir
rablemente sus gastos de transporte. Tanto si opta por el
rte público como si comparte trayectos o elige modos de
rte más económicos, cada pequeño cambio puede tener
cto significativo en su presupuesto. Sea consciente de sus
s y tome decisiones acertadas para ahorrar dinero a la vez
esplaza de forma eficiente.

largo pl

3. Opta por ir en bici o andando: Para t por ir en bici o andando. No sólo ahorra aparcamiento, sino que mejorará su salud n Estos medios de transporte ecológicos y ecc ideales para los desplazamientos en el ce donde el tráfico puede ser denso.

8. Utiliz de vez e coche c Esto pu solo pa;

4. Mantén tu vehículo: Si tienes un coche, ase en buen estado para minimizar los co; y reparación. Comprueba regularmente neumáticos, cambia el aceite con regularida el motor está en buenas condiciones. Un veh consume menos combustible y dura más.

Si po consid transpc transpc un imp opcion que se

5. Evita los atascos: Los atascos considerablemente el consumo de combus duración de tus desplazamientos. Planifica para evitar las horas punta si es posible, ut navegación para encontrar las rutas más alternativas, como el teletrabajo, para red desplazamientos en coche.

6. Compare los precios del combustible combustible pueden variar de una estación Antes de repostar, consulta las distintas estac tu zona para encontrar el combustible al mej puedes utilizar aplicaciones móviles o pá, muestren los precios del combustible en tiemp

7. Favorezca los vehículos de bajo consumo : Si comprar un vehículo nuevo, infórmate sobre l consumo. Los híbridos, los eléctricos o los veh diésel más eficientes pueden ayudarte a ahorra

CAPÍTULO 6:
AHORRAR EN SALIDAS
Y ACTIVIDADES
DE OCIO

Salir y divertirse es una parte importante de nuestra vida social, pero también puede suponer una carga para nuestro presupuesto. En este capítulo analizaremos una serie de consejos para ahorrar dinero en salidas y actividades de ocio, sin dejar de disfrutar de la diversión y el entretenimiento.

1. Busque ofertas especiales: antes de planificar una excursión o actividad de ocio, infórmese de las ofertas especiales y descuentos disponibles. Muchos sitios web ofrecen ofertas promocionales, cupones o paquetes que pueden ahorrarle dinero en entradas, comidas o actividades. Tómese su tiempo para comparar precios y elegir la opción más ventajosa.

2. Aproveche las tarifas reducidas: Muchos lugares de ocio, como museos, cines y parques temáticos, ofrecen tarifas reducidas a determinadas horas del día o a grupos específicos (estudiantes, ancianos, familias, etc.). Infórmese de estas ofertas y planifique sus salidas en consecuencia para aprovechar los precios más bajos.

3. Organice salidas gratuitas o de bajo coste: Hay muchas actividades de ocio gratuitas o de bajo coste. Organice salidas al aire libre, picnics, excursiones o visitas a lugares históricos o culturales. Explore los parques locales, asista a actos comunitarios o participe en talleres gratuitos. Estas actividades le permitirán pasar tiempo de calidad sin gastar mucho dinero.

4. Abonos y pases: si tiene intención de acudir con regularidad a un lugar de ocio, considere la posibilidad de suscribirse o comprar un pase. Muchos teatros, clubes deportivos, centros de ocio y museos ofrecen abonos o pases mensuales o anuales con tarifas reducidas o acceso ilimitado a determinadas actividades. Calcule si estas opciones le merecen la pena para el uso que les va a dar.

5. Organizar veladas en casa: Salir puede resultar caro, sobre todo si se suman los gastos de comida y bebida. Organice veladas en casa invitando a amigos o familiares a juegos de mesa, proyecciones de películas, comidas compartidas o barbacoas. Así no sólo se reducen los gastos, sino que se crea un ambiente amistoso e íntimo.

6. Utilice aplicaciones y sitios web de reservas: Muchas aplicaciones y sitios web de reservas ofrecen descuentos u ofertas especiales en restaurantes, actividades de ocio, espectáculos y eventos. Utilice estas herramientas para encontrar las mejores ofertas disponibles en su zona y ahorrar dinero en sus salidas.

7. Disfruta de aficiones asequibles: Busca aficiones asequibles que se ajusten a tus intereses. Opta por actividades gratuitas o de bajo coste, como la lectura, la jardinería, el bricolaje, el yoga en casa o la cocina. Explora también recursos online, como tutoriales o cursos gratuitos, para descubrir nuevas actividades sin tener que gastar mucho dinero.

8. Establece un presupuesto para salidas y actividades de ocio: Fíjate un presupuesto mensual para salidas y actividades de ocio y cíñete a él. Esto le ayudará a controlar sus gastos y a tomar decisiones más informadas. También puede reservar una parte de su presupuesto para actividades o acontecimientos especiales que le apetezcan especialmente.

Poniendo en práctica estos consejos, podrás disfrutar de salidas y actividades de ocio manteniendo tus gastos bajo control. Busca ofertas, opta por actividades gratuitas o de bajo coste, organiza salidas en casa y elabora un presupuesto para mantener tus gastos de ocio bajo control. Recuerda que es posible disfrutar sin vaciar la cartera, sólo hay que ser creativo y explorar todas las opciones disponibles.

CAPÍTULO 7: GESTIONAR EFICAZMENTE SU PRESUPUESTO

La gestión eficaz de su presupuesto es esencial para alcanzar sus objetivos financieros y garantizar su estabilidad económica. En este capítulo exploraremos distintas estrategias para gestionar eficazmente tu presupuesto y optimizar tus gastos.

1. El primer paso en la gestión presupuestaria es hacerse una idea clara de sus ingresos y gastos. Tómese su tiempo para evaluar sus ingresos mensuales, incluidos salarios, ingresos complementarios y otras fuentes de ingresos. A continuación, examine sus gastos en detalle, clasificándolos en gastos fijos (alquiler, facturas, etc.) y gastos variables (comida, ocio, etc.). Esta evaluación te ayudará a identificar a dónde va a parar tu dinero y a tomar decisiones con conocimiento de causa para optimizar tu presupuesto.

2. Elabora un presupuesto realista: Utiliza la información recopilada para elaborar un presupuesto realista. Asigna una proporción de tus ingresos a cada categoría de gasto, incluidos los ahorros. Fíjate objetivos financieros claros, como pagar una

deuda, ahorrar para una compra importante o constituir un fondo de emergencia, e inclúyelos en tu presupuesto. Asegúrese de que sus gastos no superan sus ingresos y ajústelos si es necesario para lograr un equilibrio financiero.

3. Controla tus gastos: Controla regularmente tus gastos para asegurarte de que te ajustas a tu presupuesto. Puedes hacerlo utilizando aplicaciones de seguimiento de gastos, anotando tus gastos en un diario o utilizando hojas de cálculo. El objetivo es saber adónde va tu dinero, detectar las áreas en las que podrías recortar y hacer un seguimiento de tu progreso hacia tus objetivos financieros.

4. Priorizar el ahorro: El ahorro es una parte crucial de la gestión presupuestaria. Fíjese un objetivo de ahorro mensual e inclúyalo en su presupuesto desde el principio. Haga del ahorro una prioridad, igual que el pago de las demás facturas. Automatice sus ahorros realizando transferencias automáticas a una cuenta de ahorro cada mes. Esto le ayudará a constituir una reserva financiera y a prepararse para lo inesperado.

5. Reduzca los gastos innecesarios: Analice sus gastos e identifique las áreas en las que podría reducir los gastos innecesarios. Puede tratarse de suscripciones no utilizadas, gastos impulsivos o hábitos de gasto excesivos. Identifique estas áreas y tome medidas para reducirlas o eliminarlas. Por ejemplo, puede cancelar ciertas suscripciones, adoptar alternativas más baratas o practicar un consumo más consciente.

6. Negocia facturas y contratos: No subestimes el poder de la negociación. Póngase en contacto con sus proveedores de servicios (Internet, teléfono, seguros, etc.) para ver si puede conseguir mejores tarifas u ofertas promocionales. Explore también ofertas competidoras y utilícelas como palanca para

negociar con su proveedor actual. Negociar puede ahorrarte mucho dinero en tus facturas mensuales.

7. Prevea gastos futuros: prevea gastos futuros como el mantenimiento del coche, reparaciones en casa o vacaciones. Incluir estos gastos en su presupuesto le permitirá ahorrar dinero por adelantado y no verse desprevenido cuando surjan. Puede crear un fondo aparte para estos gastos a largo plazo.

8. Revise su presupuesto con regularidad: la gestión presupuestaria es un proceso continuo. Revise su presupuesto con regularidad, evalúe sus progresos y haga los ajustes necesarios. Su situación financiera puede cambiar, pueden surgir nuevos objetivos y algunos gastos pueden variar. Sea flexible y adapte su presupuesto en consecuencia para mantener el control de sus finanzas.

Si pone en práctica estas estrategias, podrá gestionar su presupuesto con eficacia y optimizar sus gastos. La gestión presupuestaria te permite tomar el control de tus finanzas, alcanzar tus objetivos financieros y vivir con mayor tranquilidad económica. Sé diligente, sigue tu presupuesto y ajústalo en función de tus necesidades y objetivos.

CAPÍTULO 8: AHORRAR EN PRODUCTOS DE BELLEZA E HIGIENE

Los productos de belleza e higiene pueden suponer una parte importante de nuestro gasto mensual. Sin embargo, es posible reducir estos gastos adoptando estrategias inteligentes y económicas. En este capítulo, exploraremos distintas formas de ahorrar dinero en productos de belleza e higiene sin dejar de cuidarse.

1. Haz una lista de los productos que necesitas: Antes de comprar productos de belleza e higiene, haz una lista de los artículos que realmente necesitas. Evita las compras impulsivas y céntrate en lo esencial. Al tener una lista precisa, evitarás comprar productos innecesarios y podrás controlar mejor tus gastos.

2. Compare precios: No se limite a comprar sus productos en una sola tienda. Tómese su tiempo para comparar precios en distintas tiendas físicas y en Internet. Es posible que encuentres diferencias de precio significativas para los mismos productos. No dudes en aprovechar las ofertas promocionales y los descuentos para

ahorrar aún más.

3. Opta por marcas asequibles: Las marcas de belleza e higiene suelen ofrecer alternativas asequibles sin renunciar a la calidad. Investiga e identifica las marcas que ofrecen productos de calidad a precios más asequibles. También puedes consultar reseñas y comentarios en Internet para hacerte una idea del rendimiento de los productos antes de comprarlos.

4. Apuesta por productos multiusos: Elige productos que tengan varios usos. Por ejemplo, opta por un limpiador facial que también pueda utilizarse como desmaquillante, o un bálsamo labial que pueda usarse como hidratante de cutículas. Si utilizas productos multiusos, reducirás el número de productos que tienes que comprar y ahorrarás dinero.

5. Utiliza muestras y tallas de viaje: Aprovecha las muestras gratuitas o las tallas de viaje que ofrecen las marcas. Así podrás probar los productos antes de comprarlos en tamaño real. Además, las tallas de viaje son más baratas que las versiones completas y resultan ideales para viajes o usos temporales.

6. Prepara tú mismo algunos productos: Puedes ahorrar dinero si preparas tú mismo algunos productos de belleza e higiene. Por ejemplo, puedes crear tu propio exfoliante corporal mezclando azúcar y aceite de oliva, o hacer una mascarilla nutritiva para el pelo con ingredientes naturales. Hay muchas recetas y tutoriales en Internet que te guiarán en la creación de tus propios productos.

7. Aproveche las promociones y rebajas: esté atento a las promociones y rebajas para beneficiarse de descuentos en productos de belleza e higiene. Muchas tiendas y sitios web ofrecen ofertas especiales, como "compre uno y llévese otro gratis"

o grandes descuentos. Planifique sus compras en consecuencia para aprovechar estas ofertas especiales.

8. Exprime los productos hasta la última gota: Utiliza los productos hasta que se agoten por completo. Por ejemplo, corta los tubos de pasta de dientes para exprimir hasta la última gota o diluye el champú sobrante para hacer un último lavado. Si utilizas los productos hasta la última gota, maximizarás su uso y alargarás su vida útil, por lo que no tendrás que seguir comprando nuevos.

Si pones en práctica estos consejos, podrás ahorrar en tus gastos en productos de belleza e higiene. Sé consciente de tus necesidades reales, compara precios, opta por marcas asequibles y aprovecha las promociones. No dudes en ser creativo y fabricar tú mismo algunos productos. Con estas estrategias, podrás cuidarte sin salirte de tu presupuesto.

CAPÍTULO 9:
AHORRAR VIAJANDO

Viajar puede ser una experiencia maravillosa, pero eso no significa que tenga que gastarse una fortuna explorando nuevos lugares. En este capítulo analizaremos algunos consejos para ahorrar dinero al viajar y disfrutar de unas vacaciones asequibles.

1. Planificar con antelación: Una de las claves para ahorrar dinero al viajar es planificar con antelación. Reserve sus vuelos y alojamiento con varios meses de antelación para aprovechar las tarifas más bajas. Además, si lo planifica con antelación, tendrá tiempo de buscar las mejores ofertas y comparar precios para cada aspecto de su viaje.

2. Viajar en temporada baja: las tarifas de vuelos, hoteles y atracciones turísticas pueden variar considerablemente según la temporada. Viajar en temporada baja permite beneficiarse de tarifas más bajas y evitar las aglomeraciones de turistas. Además de ahorrar dinero, podrá disfrutar de una experiencia de viaje más auténtica.

3. Utiliza sitios web y aplicaciones de comparación de vuelos y hoteles para encontrar los vuelos y alojamientos más baratos. Estas herramientas te permiten comparar precios de distintas aerolíneas y hoteles en un solo lugar, ahorrándote tiempo y

dinero. No olvides consultar las opiniones y comentarios de los viajeros para asegurarte de que obtienes la mejor relación calidad-precio.

4. Opte por alojamientos económicos: Opte por alojamientos económicos como albergues juveniles, bed and breakfasts o alquileres vacacionales. Estas opciones suelen ser más baratas que los grandes hoteles, al tiempo que ofrecen una experiencia más auténtica y acogedora. También puede optar por el couchsurfing, que consiste en que los viajeros se alojan gratis en casas de gente local.

5. Explore las opciones de transporte local: en lugar de coger taxis o alquilar un coche, explore las opciones de transporte local. Utilice el transporte público, como autobuses, metros o trenes, que suelen ser mucho más baratos. También puede optar por alquilar bicicletas o caminar para explorar los destinos locales, lo que también le permitirá descubrir la ciudad de una forma más envolvente.

6. Coma en lugares locales: Evite los restaurantes turísticos caros y decántese por los lugares frecuentados por los lugareños. Comer en restaurantes locales o incluso comprar comida en mercados y tiendas de comestibles puede resultar mucho más barato. También le dará la oportunidad de descubrir la cocina local e interactuar con los lugareños.

7. Aproveche las actividades gratuitas o de bajo coste: Infórmese sobre las actividades gratuitas o de bajo coste disponibles en su destino. Muchas ciudades ofrecen visitas guiadas gratuitas, museos gratuitos algunos días de la semana o eventos culturales o artísticos abiertos a todos. Consulte las agendas locales y busque en Internet opciones de ocio de bajo coste.

8. Limite los recuerdos caros: Los recuerdos pueden convertirse rápidamente en un gasto importante durante un viaje. Limite las compras impulsivas de recuerdos caros y opte por otros más asequibles, como postales, imanes o artesanía local. También puede optar por hacer fotos para inmortalizar sus experiencias sin gastar dinero.

Poniendo en práctica estos consejos, puede ahorrar mucho al viajar. Planifique con antelación, compare precios, viaje en temporada baja y utilice alojamientos y transportes económicos. Explore las opciones locales, aproveche las actividades gratuitas y limite los gastos excesivos. Recuerde que viajar no es sólo el destino, sino también la experiencia.

CAPÍTULO 10: AHORRAR EN ROPA Y MODA

La moda puede ser una pasión para algunos, pero eso no significa que tengas que gastarte una fortuna para estar a la última. En este capítulo, exploraremos distintos consejos para ahorrar dinero en ropa y moda sin perder el estilo.

1. Haz un inventario de tu armario: Antes de hacer ninguna compra, haz un inventario de tu armario. Identifique las piezas que ya posee y evalúe su estado y versatilidad. Esto te ayudará a entender lo que realmente necesitas y a evitar comprar artículos similares o innecesarios.

2. Elige calidad en lugar de cantidad: opta por ropa de calidad en lugar de prendas baratas que se desgastan rápidamente. Aunque le cueste un poco más al principio, la ropa de calidad le durará más y le ahorrará dinero a largo plazo. Busca marcas con reputación de durabilidad y calidad de fabricación.

3. Aprovecha las rebajas y promociones: estate atento a las rebajas y promociones para conseguir ropa a precios reducidos. Las tiendas suelen ofrecer grandes descuentos durante los periodos

de rebajas estacionales. También puedes suscribirte a los boletines informativos de las marcas para estar al día de ofertas especiales y códigos de descuento.

4. Compra ropa de segunda mano: La ropa de segunda mano es una forma estupenda de ahorrar en gastos de moda. Explora tiendas de segunda mano, tiendas de segunda mano o páginas web de ropa de segunda mano. Puedes encontrar piezas únicas y de calidad a precios considerablemente reducidos. Asegúrate de inspeccionar bien la ropa para comprobar que está en buen estado.

5. Intercambia o pide prestada ropa: Organiza intercambios de ropa con amigos, familiares o incluso compañeros de trabajo. También puedes considerar la posibilidad de pedir prestada ropa para ocasiones especiales en lugar de comprar nuevos conjuntos. Así podrás diversificar tu vestuario sin gastar más dinero.

6. Aprende a hacer arreglos: Si tienes conocimientos básicos de costura, puedes ahorrar dinero haciendo tus propios arreglos. Aprende a acortar pantalones, ajustar vestidos o cambiar botones. Así podrás dar nueva vida a la ropa que ya tienes en vez de comprarte otra nueva.

7. Céntrate en básicos atemporales: Invierte en básicos atemporales como vaqueros de calidad, camisas blancas, americanas negras, etcétera. Estas prendas versátiles pueden combinarse fácilmente con otras prendas de tu armario, lo que te permitirá crear looks diferentes sin tener que comprar conjuntos nuevos cada vez.

8. Siga las tendencias con moderación: no se rinda a todas las modas pasajeras. Elija sabiamente las tendencias a las que quiere adherirse y compre sólo unas pocas piezas clave para completar

su vestuario. Así evitará gastar dinero en prendas que se quedarán obsoletas rápidamente.

9. Cuida tu ropa: Cuida bien tu ropa para prolongar su vida útil. Sigue las instrucciones de lavado, guárdalas adecuadamente y repáralas en cuanto sea necesario. Cuanto mejor cuides tu ropa, menos veces tendrás que comprar ropa nueva.

Si pones en práctica estos consejos, podrás ahorrar dinero en ropa y moda al tiempo que te mantienes a la vanguardia de las tendencias. Haz balance de tu armario, apuesta por la calidad, aprovecha las rebajas, explora la ropa de segunda mano y aprende a hacer arreglos. No olvides elegir básicos atemporales y cuidar tus prendas para que duren más.

CAPÍTULO 11: REDUCCIÓN DEL GASTO EN SANIDAD Y ASISTENCIA MÉDICA

La salud es una prioridad, pero eso no significa que tenga que gastarse una fortuna para mantenerse en buena forma y acceder a una atención médica de alta calidad. En este capítulo, exploraremos una serie de consejos sobre cómo reducir los gastos sanitarios y médicos preservando al mismo tiempo su bienestar.

1. Prevenir problemas de salud: Adopte un estilo de vida sano para prevenir problemas de salud y reducir los gastos médicos a largo plazo. Siga una dieta equilibrada, haga ejercicio con regularidad, evite fumar y limite el consumo de alcohol. Cuidando su salud, puede evitar muchos problemas de salud costosos.

2. Revisiones periódicas: la prevención es clave para detectar problemas de salud en una fase temprana. Hágase revisiones periódicas, como análisis de sangre, revisiones dentales y exámenes médicos, para detectar posibles problemas de salud. Detectar los problemas de salud en una fase temprana puede evitar costosas complicaciones a largo plazo.

3. Compare los precios de los profesionales sanitarios: Cuando necesite acudir a un profesional sanitario, tómese su tiempo para comparar precios. Los precios pueden variar de un profesional a otro, incluso para los mismos servicios médicos. Busque opiniones y recomendaciones y compare precios para encontrar un profesional sanitario asequible y de calidad.

4. Utilice servicios sanitarios gratuitos o de bajo coste: Infórmese sobre los servicios sanitarios gratuitos o de bajo coste disponibles en su zona. Muchos gobiernos ofrecen programas de salud pública que prestan servicios médicos a precios reducidos o gratuitos. También puedes explorar clínicas comunitarias, centros de salud locales o programas de asistencia médica para encontrar atención médica asequible.

5. Contrata el seguro médico adecuado: Si aún no tienes seguro médico, explora las distintas opciones disponibles y elige una que se adapte a tus necesidades. Compare pólizas de seguro para encontrar una cobertura asequible que satisfaga sus necesidades médicas. Asegúrese de entender las condiciones, límites y exclusiones de su seguro para evitar sorpresas financieras.

6. Utilice medicamentos genéricos: Cuando necesite medicamentos, pregunte a su médico o farmacéutico si hay versiones genéricas disponibles. Los medicamentos genéricos son alternativas más baratas a los de marca, pero contienen los mismos principios activos y son igual de eficaces. Si elige medicamentos genéricos, puede ahorrar mucho dinero.

7. Investiga el coste de los medicamentos: Antes de comprar cualquier medicamento, investigue a los distintos proveedores y compare precios. Puede encontrar variaciones significativas de precios de una farmacia a otra. No dude en pedir información a su

médico o farmacéutico sobre las opciones más asequibles.

8. Infórmese sobre los programas de ayuda económica: algunos medicamentos caros o tratamientos específicos pueden beneficiarse de programas de ayuda económica. Pregunte a los fabricantes de medicamentos o a las organizaciones sanitarias si puede acogerse a programas de reducción de costes o de ayuda económica.

Si pone en práctica estos consejos, podrá reducir sus gastos sanitarios y médicos al tiempo que preserva su bienestar. Prevenga los problemas de salud, hágase revisiones periódicas, compare los precios de los profesionales sanitarios y recurra a servicios sanitarios gratuitos o de bajo coste. Contrate un seguro médico adecuado, opte por medicamentos genéricos, investigue los costes de los medicamentos e infórmese sobre los programas de ayuda financiera. Gestionar tu salud de forma responsable puede ayudarte a ahorrar dinero y asegurarte un futuro saludable.

CAPÍTULO 12: AHORRAR EN EL MANTENIMIENTO DEL HOGAR

El mantenimiento del hogar es una tarea ineludible, pero eso no significa que tengas que gastarte una fortuna para mantener tu casa en buenas condiciones. En este capítulo analizaremos diferentes consejos para ahorrar dinero en el mantenimiento del hogar y reducir tus gastos.

1. Planifique las tareas de mantenimiento: haga un calendario de las tareas de mantenimiento de su casa y planifíquelas con antelación. Esto le ayudará a organizarse, a no olvidar tareas importantes y a prevenir posibles problemas. Un mantenimiento regular te ayudará a evitar costosas reparaciones a largo plazo.

2. Reparaciones "hágalo usted mismo": aprenda a realizar usted mismo ciertas reparaciones y pequeños trabajos en la casa. Muchos recursos en Internet ofrecen tutoriales y guías para guiarte en las reparaciones más comunes. Si lo haces tú mismo, ahorrarás en mano de obra.

3. Utiliza productos de limpieza caseros: Evita comprar productos de limpieza caros optando por alternativas caseras. Por ejemplo, puedes utilizar vinagre blanco y bicarbonato sódico para limpiar superficies, limón para quitar manchas y jabón de Marsella para la colada. Estos productos son económicos, respetuosos con el medio ambiente e igual de eficaces.

4. Ahorra energía: Reduce tus gastos energéticos adoptando hábitos de ahorro de energía. Apague las luces cuando salga de una habitación, utilice bombillas de bajo consumo, programe el termostato para regular la temperatura y desenchufe los aparatos electrónicos cuando no los utilice. Estas pequeñas acciones pueden reducir considerablemente tus facturas de energía.

5. Realiza un mantenimiento periódico de los electrodomésticos: Realiza un mantenimiento periódico de los electrodomésticos para alargar su vida útil y evitar reparaciones costosas. Limpia los filtros de la campana extractora, descongela el frigorífico con regularidad, limpia las rejillas de ventilación de la secadora y realiza un mantenimiento periódico del aire acondicionado y la calefacción.

6. Reutiliza y recicla: da una segunda vida a los objetos en lugar de tirarlos. Reutiliza los tarros de cristal para guardar cosas, convierte la ropa vieja en paños de limpieza y recicla materiales como cartón, vidrio y plástico. Al reciclar y reutilizar, reducirás el coste de comprar productos nuevos.

7. Compre suministros a granel: Ahorre dinero en productos de limpieza comprando suministros a granel. Compre productos en grandes cantidades, como papel higiénico, productos de limpieza o bolsas de basura, para obtener precios reducidos por unidad. Asegúrate de guardar estos suministros adecuadamente para que

se mantengan en buen estado hasta que los utilices.

8. Recurra a profesionales locales: Cuando necesite servicios profesionales de mantenimiento, apueste por empresas locales. Esto no sólo favorece la economía local, sino que también puede ayudarle a beneficiarse de tarifas competitivas. Pida recomendaciones y compare precios para encontrar profesionales fiables y asequibles.

Si pones en práctica estos consejos, podrás ahorrar en el mantenimiento de tu casa preservando su calidad y valor. Planifique las tareas de mantenimiento, realice usted mismo algunas reparaciones, utilice productos de limpieza caseros y adopte hábitos de ahorro energético. Haga un mantenimiento periódico de sus electrodomésticos, reutilice y recicle, compre suministros a granel y recurra a profesionales locales cuando sea necesario. Si cuida su casa de forma económica, ahorrará dinero a largo plazo y mantendrá un entorno limpio y confortable.

CAPÍTULO 13: CONSEJOS PARA AHORRAR EN REGALOS Y OCASIONES ESPECIALES

Los regalos y las ocasiones especiales pueden ser ocasiones alegres, pero eso no significa que tenga que gastarse una fortuna para demostrar su afecto y celebrarlo con sus seres queridos. En este capítulo, exploraremos distintos consejos para ahorrar dinero en regalos y ocasiones especiales sin perder su significado y valor.

1. Elabore un presupuesto: Antes de hacer compras para regalos u ocasiones especiales, elabore un presupuesto claro. Determine cuánto está dispuesto a gastar en cada ocasión y cíñase a ese presupuesto. Así tomarás decisiones con conocimiento de causa y evitarás gastar más de la cuenta.

2. Regalos caseros: Los regalos caseros tienen valor sentimental y pueden ser muy apreciados. Utiliza tus habilidades y tu

creatividad para crear regalos únicos, como álbumes de fotos personalizados, galletas caseras, manualidades o poemas. Los regalos hechos en casa suelen ser menos caros que los comprados en tiendas, pero tienen un valor mucho más personal.

3. Organice intercambios de regalos: en lugar de comprar regalos para cada persona en ocasiones especiales con la familia o los amigos, organice intercambios de regalos. Fije un presupuesto máximo para regalos y eche a suertes los nombres de las personas a las que hará regalos. Así se reduce el número de regalos que hay que comprar, al tiempo que se mantiene el espíritu de generosidad y celebración.

4. Compre con antelación: anticípese a las ocasiones especiales y los cumpleaños comprando con antelación. Cuando encuentre una buena oferta o el regalo perfecto para alguien, cómprelo y guárdelo para la ocasión apropiada. Así ahorrará dinero y evitará los gastos de última hora.

5. Utiliza sitios web de vales y códigos promocionales: Consulta los sitios web especializados en vales y códigos promocionales para encontrar grandes ofertas en regalos y artículos festivos. Muchos sitios ofrecen descuentos exclusivos, códigos promocionales o ventas flash que permiten comprar regalos a precios reducidos. Tómese su tiempo para investigar y comparar precios antes de hacer sus compras.

6. Regale experiencias en lugar de objetos: En lugar de comprar regalos materiales, piense en regalar experiencias memorables. Ofrezca vales para actividades como salir a cenar, un día de spa, una salida cultural o una escapada de fin de semana. Las experiencias ofrecen momentos preciosos y pueden ser menos caras que comprar regalos físicos.

7. Reutiliza y recicla el papel de regalo: No gastes dinero en papel de regalo caro y efímero. Reutiliza el papel de regalo que ya tengas o recicla materiales como periódicos, revistas o retales de tela para crear tu propio envoltorio único y personalizado.

8. Comuníquese y comparta sus intenciones: Si quiere reducir el gasto en regalos y ocasiones especiales, comuníquese con sus seres queridos y comparta sus intenciones. Explique que quiere ahorrar dinero y sugiera alternativas como intercambiar servicios, pasar tiempo juntos o hacer regalos simbólicos. Lo importante es celebrar los momentos especiales y demostrar tu afecto, sea cual sea el coste de los regalos.

Si pones en práctica estos consejos, podrás ahorrar dinero en regalos y ocasiones especiales sin perder su significado e importancia. Fije un presupuesto, haga regalos caseros, organice intercambios de regalos y compre con antelación. Utilice sitios de buenas ofertas, ofrezca experiencias, reutilice el envoltorio de los regalos y comuníquese con sus seres queridos. Recuerde que la intención y el gesto son más importantes que el coste de un regalo, y que las ocasiones especiales pueden celebrarse de forma significativa y rentable.

CAPÍTULO 14: AHORRAR PARA EL FUTURO: CONSEJOS PARA AHORRAR E INVERTIR

El ahorro y la inversión son fundamentales para tu seguridad financiera a largo plazo. En este capítulo, exploraremos distintos consejos y sugerencias que te ayudarán a ahorrar para el futuro y a tomar decisiones de ahorro e inversión con conocimiento de causa.

1. Establezca objetivos financieros: Empiece por definir sus objetivos financieros a largo plazo. Ya sea comprar una casa, crear un fondo de emergencia o prepararse para la jubilación, unos objetivos claros te ayudarán a mantener la motivación y guiar tus decisiones financieras.

2. Elabore un presupuesto: un presupuesto bien establecido es la clave para ahorrar dinero. Revise sus ingresos y gastos mensuales e identifique las áreas en las que puede recortar gastos. Pon límites a los gastos discrecionales y destina parte de tus ingresos al ahorro

y la inversión.

3. Cree un fondo de emergencia: cree un fondo de emergencia para hacer frente a imprevistos como gastos médicos, reparaciones en el hogar o pérdida del empleo. Intente ahorrar lo suficiente para cubrir al menos entre tres y seis meses de gastos de manutención. Coloque este fondo en una cuenta de ahorro líquida y de fácil acceso.

4. Automatice sus ahorros: Establezca transferencias automáticas para transferir parte de sus ingresos a una cuenta de ahorro cada mes. Esto le ayudará a ahorrar regularmente sin ningún esfuerzo adicional. 5. Trate sus ahorros como un gasto esencial y prioritario.

5. Reduzca la deuda: Elimine las deudas con intereses elevados lo antes posible. Concéntrese en pagar las tarjetas de crédito, los préstamos personales o los préstamos estudiantiles que tengan un interés alto. Menos deuda significa menos intereses que pagar, lo que te ahorrará más a largo plazo.

6. Diversifique sus inversiones : Cuando esté listo para invertir, diversifique su cartera. No ponga todos sus ahorros en un solo tipo de inversión. Invierta en distintos sectores, clases de activos y regiones geográficas para reducir el riesgo y maximizar las oportunidades de rentabilidad.

7. Explore las opciones de inversión: Infórmese sobre las distintas opciones de inversión, como acciones, bonos, fondos de inversión, fondos indexados, ETF e inmuebles. Consulte a un asesor financiero o investigue por su cuenta para comprender los beneficios y riesgos de cada opción y elija las que se ajusten a sus objetivos y perfil de riesgo.

8. Consulte a un asesor financiero: Si necesita ayuda para desarrollar un plan financiero sólido, considere la posibilidad de consultar a un asesor financiero cualificado. Un asesor puede ayudarte a definir tus objetivos, desarrollar una estrategia de ahorro e inversión y ajustar tu plan en función de tu situación personal.

9. Aprovecha las ventajas fiscales: Infórmate sobre las ventajas fiscales del ahorro y la inversión, como los planes de jubilación individuales (RRSP) o las cuentas de ahorro libres de impuestos (TFSA). Estas cuentas ofrecen ventajas fiscales que pueden ayudarte a aumentar tus ahorros a largo plazo.

10. Control periódico: Revise periódicamente la evolución de sus ahorros e inversiones. Reevalúe sus objetivos, ajuste su plan si es necesario y asegúrese de que sus inversiones se ajustan a sus objetivos y a su tolerancia al riesgo.

Si sigues estos consejos sobre ahorro e inversión, podrás poner en marcha una sólida estrategia financiera para el futuro. Fíjese objetivos, elabore un presupuesto, cree un fondo de emergencia y automatice sus ahorros. Reduzca sus deudas, diversifique sus inversiones, explore opciones de inversión y consulte a un asesor financiero si es necesario. Aproveche las ventajas fiscales y controle regularmente sus progresos. Con un planteamiento meditado y proactivo, puede tomar las decisiones financieras correctas para asegurar su futuro financiero.

CAPÍTULO 15: CONCLUSIÓN - ADOPTAR UNA MENTALIDAD AHORRADORA A DIARIO

¡Enhorabuena! Ha leído este libro, repleto de consejos y sugerencias sobre cómo ahorrar dinero cada día. Ahora dispone de los conocimientos necesarios para adoptar una mentalidad de ahorro que le ayudará a gestionar mejor sus finanzas, alcanzar sus objetivos financieros y vivir de forma más consciente.

El ahorro cotidiano no significa privarnos de todo, sino tomar decisiones informadas para gastar nuestro dinero con sensatez y maximizar nuestros recursos. Esto significa replantearse nuestros hábitos de consumo, buscar alternativas económicas y ser creativos para ahorrar dinero sin sacrificar nuestra calidad de vida.

A lo largo de los capítulos, hemos explorado distintas facetas del ahorro cotidiano, desde la reducción de los gastos en alimentación hasta la gestión eficaz del presupuesto, el ahorro energético, las compras por Internet, los gastos de transporte, el ocio, los cuidados de belleza, los viajes, la ropa, la salud, los regalos y las inversiones. Aprenderás a detectar oportunidades de ahorro, a tomar decisiones con conocimiento de causa y a aplicar sencillos consejos para ahorrar dinero en todos los aspectos de tu vida.

Adoptar una mentalidad ahorradora a diario le reportará muchos beneficios. En primer lugar, le ayudará a mejorar su situación financiera reduciendo sus gastos y ahorrando más. También le ayudará a liberarse del estrés financiero, a alcanzar sus objetivos económicos a corto y largo plazo y a desarrollar un plan sólido para su futuro financiero.

Al adoptar una mentalidad ahorradora, también desarrollas una mayor conciencia del valor del dinero y de cómo decides gastarlo. Serás más consciente de tus hábitos de gasto, de tus necesidades reales frente a tus deseos y del impacto de tus decisiones financieras en tu vida y en el medio ambiente.

Sin embargo, es importante tener en cuenta que el ahorro diario no debe convertirse en una obsesión. Es importante encontrar un equilibrio entre la gestión de sus finanzas y su bienestar general. Es perfectamente aceptable permitirse placeres ocasionales y disfrutar de la vida, siempre que lo haga con reflexión y teniendo debidamente en cuenta su situación financiera.

Recuerde también que ahorrar dinero a diario no es una tarea aislada, sino una forma de vida. Es un proceso continuo que requiere disciplina, paciencia y perseverancia. Sigue formándote, buscando nuevos trucos para ahorrar dinero y adaptando tu enfoque en función de tu desarrollo personal y tus objetivos.

En conclusión, adoptar una mentalidad ahorradora a diario es una elección poderosa que puede tener un impacto significativo en su vida financiera y en su bienestar general. Poniendo en práctica los consejos de este libro,

estás en el buen camino para vivir una vida más consciente, económica y satisfactoria. Así que no esperes más, toma las riendas de tus finanzas y construye un futuro financieramente seguro y equilibrado. Disfrute de su viaje hacia una vida de ahorro cotidiano.